Been And Gone

Poems of Julian Kornhauser

Edited and Translated by
Piotr Florczyk

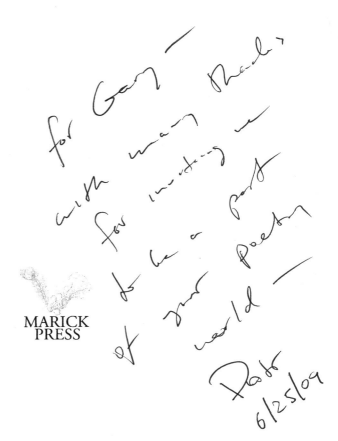

MARICK
PRESS

Library of Congress Cataloguing in Publication Data

Kornhauser, Julian
Been and Gone
Translated by Piotr Florczyk

ISBN 978-1-934851-05-0

Printed and bound in the United States

Marick Press
P.O. Box 36253
Grosse Pointe Farms
Michigan 48236
www.marickpress.com

Mariela Griffor, Publisher

Distributed by
Small Press Distribution
and
Wayne State University Press

This publication has been funded by the Book
Institute – the ©POLAND Translation Program

CONTENTS

ACKNOWLEDGMENTS

Grateful acknowledgment is made to the publishers and editors of the following journals, in which some of these translations, sometimes in different versions, first appeared:

Chelsea: "Beauty," "A Button," "A Piece of Glass"
The Dirty Goat: "Main Street," "Changeless Change," "Crevice"
Poetry International (San Diego): "Children," "Head in a Mirror"
The Southern Review: "Fieldfare," "Origami," "From the Past"
World Literature Today: "Bookstores," "A Pebble," "My Son's Back," "Nothing More"

FOREWORD

It's impossible for me to read Julian Kornhauser's poems and not think of the early stages of our friendship. Two youngsters passionate about poetry, like thousands of our predecessors in endless countries and historic situations—in ancient Rome, in the Tudor England, in the Paris of Victor Hugo—we lived not far from each other, in modest student rooms in the city of Kraków, and talked shop a lot. Our shop was invisible, had metaphors and similes instead of racks and tools and merchandise. Kraków was a part of Communist Poland, but in these very early days we didn't pay much attention to politics; poetry seemed much more important. Paradoxically, a collection of essays we co-authored a few years later, in 1974, *The Non-Represented World*, was received enthusiastically and acclaimed as a political manifesto though we thought we wrote a literary book in which we tried to define ourselves, our generation. Suddenly we woke up as figures in a chess play that was larger than Kraków and more sinister than our conversations on Guillaume Apollinaire and Zbigniew Herbert; the age of innocence was gone.

Julian has been more faithful than I to the tenets of our youthful manifesto. What were these articles of faith? It's not easy to say: a kind of "realism" as opposed to what we thought typified "escapism," a poetic sobriety in face of the difficult reality of a country that was a satellite of an aging Soviet Union (politics after all!), and love for the concrete, for the nitty-gritty of our lives. I soon revolted against myself, against the tenor of our common manifesto, and tried to find poetry in other places as well: in music, in dreams. Julian was there to rebuke me. Our friendship knew periods of hardship; when I published a collection of poems (*To Go To Lvov*) in the mid-eighties,

Julian wrote a critical review. It hurt me but I understood he was there to defend the creed of our manifesto, he was a guardian of our early aesthetic. Again, paradoxically, his first collection of poems was filled with a surreal energy, with a quest for the nameless . . .

All this is history; when I read Julian's poems now, I'm amazed by the continuity of his writing, by the honesty of his poetry, by his patient worship of the concreteness of the world. Poetry is for him like the origami he describes in the poem written while traveling from Kraków to Oświęcim, a small city whose German name was Auschwitz—an object both arbitrary and necessary:

> We pass hills and forests,
> a paper swan
> looks sleepily on the burning
> grasses.

What a pleasure to see Julian's work translated into English, which for me is a language not only of poetry but of friendship as well.

Adam Zagajewski

Been And Gone

KWICZOŁ

Przylatywał kilka dni z rzędu
na ten sam krzak dzikiej róży.
Przechadzał się potem wśród gawronów
jak przybysz z zaświatów.
Nie wiedzieliśmy, jak się nazywa,
zajrzeliśmy więc do *Atlasu ptaków.*
Kiedy już go rozpoznaliśmy
pośród świergotków i drozdów,
odfrunął i nie wrócił więcej.
Jego pusta nazwa, tytuł do chwały,
zawisła na gałązce jak płatek śniegu.

FIELDFARE

It kept coming several days in a row
landing on the same bush of wild rose.
It strolled among rooks
like a newcomer from the underworld.
We didn't know its name then,
so we checked in an *Atlas of Birds.*
When we identified it at last
between twitters and thrushes,
it flew off and never came back.
Its hollow name, a title to glory,
hung on a branch like a snowflake.

DZIECI

są mądrzejsze od nas
wiedzą wszystko
nawet n i c ma dla nich barwę kasztana
widzą góry gdzie my ich nie widzimy
morza pluszczą kiedy nic nie słychać
przez ich koślawe ząbki przedzierają się
słowa nie znane nikomu
za brudnymi paznokciami czai się strach
i niewysłowiona przygoda
kiedy biegną
ich za duże buciki rechoczą
a włosy przylepiają się do wiatru
kiedy milczą
w ich oczach jest tyle dorosłej tęsknoty
wspinają się na palce
żeby dotknąć czego nie wolno
próbują zapasów z zakazami
żeby móc odróżnić żart od lęku
czasem leżą cicho na podłodze
wypowiadają dziwne zaklęcia
wtedy szklanka spada ze stołu
otwiera się okno
i kredka wolno sunie po białej tapecie

CHILDREN

are smarter than we are
know everything
even n o t h i n g to them has the hue of a chestnut
they see mountains where we don't see them
seas splash when nothing is heard
through their crooked teeth
words known to no one slip out
fear and an inexpressible adventure
lurk under dirty fingernails
when they run
their oversized shoes cackle
and their hair sticks to the wind
when they're silent
their eyes express so much adult longing
they stand on tiptoe
to touch what's forbidden
they try to wrestle with rules
to be able to tell the difference
between a joke and fear
sometimes they lie quietly on the floor
casting strange spells
and then the glass falls from the table
opportunity arises
a crayon moves slowly across the white-papered wall

PLECKI

Twoje plecki pochylone nad miską
są bezbronne jak krakowska mgła.
Kiedy biegniesz boso po podłodze,
rozlegają się brawa firanek.
Jakże ciche jest to popołudnie,
pełne wypieczonych bagietek,
oddychającego psa
i szeleszczącej gazety.
Jakże mądre jest, synku,
to nasycone brzęczenie
pszczoły,
ten niebywały, niebezpieczny
rechot rzeki, połykającej kamienie.
Twoje plecki pochylone nad miską
mówią mi więcej
niż niejedna
opowieść.

MY SON'S BACK

Your back bent over the washbowl
is defenseless as Kraków's fog.
When you run barefoot on the floor,
the lace curtains applaud.
How hushed this afternoon is,
filled with well-baked baguettes,
a breathing dog
and a rustling newspaper.
How wise, my son,
this saturated buzzing
of a bee is,
this unusual, dangerous
gurgle of the river
swallowing stones.
Your back bent over the washbowl
tells me more
than a legion
of tales.

GUZIK

no cóż
nie da się o nim powiedzieć
nic ciekawego

został pozbawiony nici
która wiązała go
z rzeczywistością

dawniej trzymał się mocno
chodził dumnie wyprostowany
i zapięty

a teraz
aż żal patrzeć

odtrącony
wciśnięty w kąt
próbuje wygwizdać jakąś melodie

ale przez jego dziurki
wydobywa się cichy szelest
przypominający modlitwę
pętelki

A BUTTON

well
it's impossible to say anything
interesting about it

it's been deprived
of the thread that tied it
to reality

it used to hang on tightly
parade proudly upright
and fastened

and now
it's painful to watch

rejected
shoved into a corner
trying to whistle some melody

but through its holes
a faint rustle emerges
evoking a prayer
of the noose

CUD

Za oknami wiatr, miasto, tysiącletnia
rzeka. Za oknami wspomnienia, łzy, głód istnienia.
Czemu wypatrujesz w niebie
kochanych oczu, świetlnej struny?
W każdym domu na wzgórzu brzmi muzyka
ciepła, dobrych słów i pieszczot. Nie odchodzą
drogi, ramiona, dachy. Kiedy podnosisz wzrok,
wszystko zdaje się być cudem narodzin,
nawet twoje zatopienie w lekturze,
nawet poduszka, na której skłoniłaś głowę.
Tak, cud poduszki z czterema rogami
zwróconymi ku przyszłości. Nagiej i wolnej.

MIRACLE

Behind the windows
wind, a city, a thousand-year-old
river. Behind the windows
memories, tears, hunger for existence.
Why do you seek out dear eyes
a string of light in the sky?
In every hilltop house a music
of warmth, of kind words and caressing. Roads,
shoulders, roofs don't depart. When you look up
    everything
seems to be the miracle of birth,
even your immersion in reading,
even the pillow on which you lowered your head.
Yes, the miracle of the pillow with four corners
facing the future. Bare and free.

NIEZMIENNA ZMIENNOŚĆ

wszystko się zmienia i biegnę do ciebie
ciągle taki sam
wszystko się zmienia i dzieci śnią
sny ciągle od początku
zmienia się to co się nie zmienia
tak zawsze i nigdy
za daleko do tego co ucieka
i za blisko do tego co przybliżone
wiesz jak powiedzieć co niepowiedziane
choć idę nasłuchując i nie słysząc
wszystko się zmienia gdy już zmienione
na dobre złe i na złe dobre

CHANGELESS CHANGE

everything changes and I run to you
still the same
everything changes and children are dreaming
dreams over and over
changing is what doesn't change
always the same and never
too far from what's slipping away
and too near to what's brought closer
you know how to say the unspoken
though I walk straining yet unable to hear
everything changes after it's been changed
for good evil and for evil good

SPLIT

Idę przez całe miasto
nocą, do portu.
Pada drobny, ciepły deszcz.
Słyszę przed sobą tylko
kroki morza.

SPLIT, CROATIA

I'm walking across the city
at night, to the harbor.
Warm rain sprinkles down.
Before me I hear only
the footsteps of the sea.

W nowej *Literaturze na Świecie*
opowiadania i powieści Izraelczyków
nachodzą na wiersze Szwedów, a te gryzą się
z prozą młodych Rosjanek i rozmową o Gobrowiczu.
Literatura na świecie nie chce niczego uzgadniać:
rozwiesza swoje narodowe racje jak pościel w ogrodzie.
Gorący wiatr zwija je na sznurach, z daleka
przypominają białe warkocze tęsknoty.
Nie umiem wyłowić z tej nieprzeliczonej chmary słów
ani jednego życia, w którego blasku
ogrzałbym swoje serce.

In the latest issue of *Literatura na Świecie*
the stories and novels of Israelis
intrude upon the poems by Swedes, while they bicker
with the prose of young Russian women and a talk about
    Gombrowicz.
World literature doesn't want to negotiate anything:
it airs its national claims like linens in a garden.
The hot wind twists them up on the lines—from afar
they resemble white braids of longing.
I don't know how to recover from this untold swarm of words
even a single life, whose glow
would warm my heart.

PUDEŁKO

Mały, umorusany żebrak
niesie pod pachą wielkie, tekturowe pudło.
Co tam masz w tym pudełku?
Pewnie dużo uzbierałeś pieniędzy?

Chłopiec podnosi powoli wieko,
kładzie je na chodniku.
Na dnie widać drobnego żółwia,
wyciągającego szyję do chłopca.

A BOX

A grimy young beggar
carries a large cardboard box under his arm.
What do you have in that box?
You must have collected lots of money?

The boy slowly lifts off the lid,
puts it down on the sidewalk.
A tiny turtle visible on the bottom
stretches its neck out to him.

ŚLĄSK

Pokrzywy i olchy,
woń mleczów i ciasta,
płonie dzieciństwo, rośnie smolna kulka,
nie kończąca się szosa,
śmigające rowery, słoje pełne
grylażowych cukierków, w białych workach mąka,
kaj żeś wloz, pierunie,
babcia przy piecu,
wija się szarfa i cofa,
piekarskie córki za oknem,
na stryszku łóżko i niemiecka książka,
odpowiedź śle trzcina nad Kłodnicą,
śpią sukienki do pierwszej komunii,
pociąg spieszy, wesołe pisklęta,
deszczowy poranek klnie na czym świat stoi,
spadają czerwone dachówki,
u wezgłowia najcichsze bery i bojki,
a potem, nagle, po latach,
wszystko, i trzciny, i ogniska,
kruche kukuruźniki i bunkry,
chowa się za rozkopanym podwórkiem,
z którego widać dwa rozdzielone murem
groby rodziców.

SILESIA

Nettles and alders,
the aroma of dandelions and cakes,
childhood alight, the tar ball swells,
never-ending highway,
whooshing bicycles, jars full of
almond-filled candies, flour in white bags,
how dja get in there, you rascal,
grandma by the stove,
a ribbon weaves through the air and flutters,
the baker's daughters behind the window,
in the attic a bed and a German book,
a reed from the shores of Kłodnica River sends the answer,
sleeping first communion dresses,
a train hurries, happy nestlings,
a rainy morning breaks out in curses,
red tiles fall off the roof,
at the headrest quiet Boscs and shaggy blankets,
and then, suddenly, after many years,
everything – reeds and bonfires,
brittle Soviet biplanes and bunkers –
hides behind a dug up courtyard
from which one can see two
                                        separated by a wall
parents' graves.

JUŻ NIC

Już nic.
Dymy, dwie dzikie kaczki,
popiół ogniska.

Już nic.
Uśpione wodorosty,
wąska ścieżka.

Za wodą nic,
za torami
nic.

Już nic
nigdy nic,
już nigdy
za nic
w świecie
nic.

NOTHING MORE

Nothing more.
Smoke, two wild ducks,
bonfire ash.

Nothing more.
Sleeping waterweeds,
narrow trail.

Beyond the water nothing,
beyond the tracks
nothing.

Nothing more,
nothing again,
never again
for nothing
in the world
nothing.

KAMYK

pamiętasz
kiedy byliśmy młodzi
burza wilgotnym językiem
lizała nasze wargi

w rozchichotanej sukience
biegłaś boso
po piasku

drogi otwierały się
przed nami
jak pękate orzechy

dwa kroki dzieliły nas
od raju
kopnąłem kamyk

leciał szerokim łukiem
długo
i wysoko

znikł nam z oczu
słyszeliśmy tylko
płacz dziecka

a może to był
trel trzciny

teraz po latach
spadł nam pod nogi
wielki jak głaz
pokryty mchem

już nie możemy go podnieść
ani odczytać

A PEBBLE

remember
when we were young
the storm with its moist tongue
would lick our lips

wearing a giggling dress
you ran barefoot
on the sand

all paths were opening up
before us
like ripening nuts

two steps separated us
from paradise
I kicked a pebble

it flew in a wide curve
long
and high

we lost sight of it
hearing only
a child's cry

perhaps it was
a reed trilling

now years later
it falls at our feet
large as a boulder
covered with moss

we're no longer able to pick it up
or decipher

POWRÓT

powrót do życia
na ranny kontynent który śpi
w zaspach przeszukanego śniegu

(w pustym pociągu
który przejeżdża przez ukochany kraj
anonimowy konduktor lub hycel
manifestuje swoje niezadowolenie)

powrót do życia?
raczej przemyt do rany

obmacany poniżony
wracasz do innej rzeczywistości
bez potrzebnych dokumentów

brakuje taśm
nieprzejrzystej błony
która pokryłaby pamięć
puls nieustającej wojny

muskularny porządek
sypie się jak kłosy
a europejska rodzina narodów
macha kolorowymi chusteczkami

znowu zostaliśmy na drugi rok
w tej samej klasie
nauczyciel śmieje się pod wąsem

szkolne nawyki odpowiadania
na każde pytanie

zamieniły się w kurczowy
ruch ręki

kiedy profesjonaliści
z podziwu godną pedanterią
obchodzą święto ciosów

ziemia rozkołysana na falach
wielkich słów
zdąża do portu przeznaczenia

a ty
wciśnięty w skafander niewiedzy
stoisz przed własnym domem
z błyszczącymi oczami

Wigilia 1981, gdzieś w Polsce

THE RETURN

Christmas Eve 1981, somewhere in Poland

return to life
on the wounded continent sleeping
in banks of frisked snow

(on an empty train
that crosses the beloved country
an anonymous conductor or dogcatcher
expresses his dissatisfaction)

a return to life?
rather smuggling back to a wound

groped humiliated
you return from another reality
without the necessary papers

not enough of adhesive tape
opaque membrane
to cover the memory
the pulse of ceaseless war

muscled order
crumbles like spikes of grain
while the European family of nations
waves their colorful handkerchiefs

again we didn't move up
repeating the same grade
teacher smirks under his mustache

habits acquired in school
of answering each question
became a spasmodic
hand motion

when the professionals
with admirable pedantry
celebrate the anniversary of blows

the earth rocking on the waves
of grand words
heads to the port of call

and you
squeezed into a suit of ignorance
are standing in front of your own house
teary-eyed

GŁOWA W LUSTRZE

Patrzy na mnie
podbitymi oczami
nieruchoma jak ołowiana kula

w jej ciężkim bukłaku
pieni się pamięć
która szuka korzeni

bruzda na czole
otwiera się jak rana
przez którą wychodzą
dzikie pędy

oświetlona z boku
zawisa w próżni

nie porusza wargami
jest groźna
w swoim znieruchomieniu

czemu nic nie mówi
oparta o ścianę

na jej kamiennym obliczu
odbijają się wspomnienia

oderwana od ciała
śpi jak krzak bzu w nocy

patrzy na mnie z góry
uzbrojona w cierpliwość
po zęby

HEAD IN A MIRROR

Looks at me
with blackened eyes
motionless as a lead ball

in its heavy wine skin
a memory foams
seeking roots

furrow on its forehead
opens up like a wound
from which wild sprouts
come out

side-lit
it hovers in the void

doesn't move its lips
it's menacing
in its transfixion

why is it speechless
leaning against the wall

in its stony countenance
memories are reflected

torn from the body
it sleeps like a lilac bush at night

it looks down on me
armed to its teeth
with patience

BAR MICWA

Monotonnie, bezgłośnie, raz na zawsze,
od stuleci, przez ojca i dokładnie
darowujesz swe ciało jeszcze nie całkiem przydatne
pyłom, dymowi, może wiórom obłoków,
a potem niepostrzeżenie, dla wielu umyślnie,
z dnia na dzień rozstajesz się z burzą rozpaczy,
zamkniętymi oczami i plotkami ognia,
aby już czysty, pozbawiony pamięci, niegodny
czcić braci, wrócić do nadnaturalnej zieleni lip,
śliskich kocich łbów, dzikich róż na cmentarzu,
z wiarą w ostatni nów księżyca, ostatni,
lecz niepośledni poczęstunek nadziei,
na skinienie czegoś dalekiego, ale zarazem
nasyconego chłodem rodzinnej piwnicy
i z niepohamowaną zawiścią, że to inni
dumnie wyprostowani śledzą lot śmiertelnych strzał,
a nie ty, zapatrzony w schludny ryneczek
pierwszej miłości, wzniosłej ofiary i marzenia,
które nigdy nie przyobłekło się w kształty
oczywiste i konieczne, jedyne i bezwzględne.

BAR MITZVAH

Monotonously, without a sound, once and for all,
for centuries, through father and with care
you offer your not quite suitable body
to dust, to smoke, perhaps to cloud shavings,
and then unnoticeably,
                        for many on purpose,
you separate abruptly from the storm of despair,
from closed eyes and fire's gossip, to worship
– already cleansed, devoid of memory, undeserving –
your brothers, return to the lindens' supernatural green,
slippery cobblestones, wild roses at the cemetery,
with faith in the latest rebirth of the moon, the last,
though not trifling, tasting of hope,
to wait for the nod from something distant
yet saturated with the familiar basement's coolness,
filled with careering envy that others
proudly at attention get to follow the flight of deadly arrows,
and not you, fixated on the tidy market square
of first love, lofty sacrifice, and a dream
which has never taken the shapes
obvious and necessary, unique and unconditional.

PIĘKNO

Czy piękno mieszkające w trawach, polnej drodze,
łanie dojrzałego zboża więcej ma siły od piękna
ukrytego w pękniętym kiju, nad którym pochyla się
jasnowłosy chłopak, lub w sterczącej z dachu słomie?
Rozleniwiony słońcem górski potok, wchodzący do wysokich
gumiaków, miałby przewagę nad fałdą zrudziałej spódnicy,
która mignęła przez chwilę wśród parkowych ławek?
A może to nie piękno zniewala nasze spojrzenia,
którymi przyciągamy śliskie kamienie i szybkie rowery,
i sklepienia mostów, i delikatne w dotyku obojczyki dzieci?
Może to nie piękno otwiera chęci, porozumienie i wolę
przekraczania granic, tylko sekret istnienia,
samo istnienie właściwie; to, że tykanie zegara
obok wyniosłości najpospolitszej porzeczki, dym z czajnika
i podrzucona wysoko kostka wywołują w nas lęk
o drugorzędność? Mógłbym odpowiedzieć, nie mając jednak
pewności, czy nie błądzę, że każdy włosek, każdy podmuch
wszechświata to połączenie kosztów i strat,
zgody na pojedyncze, nie wybrane życie. Piękno rodzi się
i umiera w jednakowej harmonii, w tym samym nieskończonym
hałasie pór i dni, poddane ciśnieniu mroku,
ślepoty i wyrwanego języka, w ciągłej ucieczce
przed naśladownictwem ze strony kół, kwadratów
i piskliwych linii, opasujących swymi promieniami
cały nasz glob wrzucony w gorzką pianę kosmosu.

BEAUTY

Is the beauty that inhabits grasses, a country path,
or a field of ripe grain more potent than the beauty
hidden inside a cracked stick that a blond boy
is leaning over, or in the straw protruding from the roof?
Would a mountain stream grown sluggish from the sun, spilling
into tall galoshes, have advantage over a faded skirt's pleat
that flashed momentarily amidst benches in a park?
Perhaps it's not beauty that captivates our stares
with which we draw in slippery stones and fast bicycles,
the arches of bridges, and children's collarbones so delicate to the touch?
Perhaps it's not beauty that prompts desires, consensus, and the will
to overstep boundaries, but rather the secret of existence,
actually existence itself; does a clock's ticking,
the aloofness of an ordinary currant, kettle vapor,
a die tossed high in the air stir up in us the fear
of being second-rate? I could answer, though without being certain
that I am not erring, that each tiny hair, each gust
of the universe is the combination of expenses and losses,
acceptance of a singular but unchosen life.
                                        Beauty is born
and dies in an identical harmony, in the same unfinished
din of seasons and days, subjected to the pressure of the dark,
of blindness, and of a tongue torn out, in constant escape
from the travesty of circles, squares,
and shrill lines that circumscribe with their radii
our entire globe thrown into the bitter foam of the cosmos.

SZCZELINA

St.B.

W Dworku Łowczego, przy ulicy Kościuszki,
na parterze, w dobrze oświetlonej sali,
na której swe wiersze o bagiennych ludziach czyta Seamus Heaney,
siedzę za dwoma młodymi poetami z Krakowa,
wsłuchanymi niepokojąco w miękki głos Irlandczyka.
Widzę ich krótko ostrzyżone głowy
z daleka tak podobne do siebie,
choć jeden jest brunetem, a drugi ma jasne włosy.
Ale to, co mnie tak naprawdę zaciekawia,
to ich różowe, duże uszy dumnie sterczące
na przekór słowom wydobywającym się z ust tłumacza.
Lewe ucho blondyna, ozdobione srebrnym kolczykiem,
uśmiecha się złowieszczo do ucha swego sąsiada,
który nerwowo tłamsi w dłoni paczkę papierosów.
Obaj ubrani na czarno, z tym że brunet
w sweterek, a jego kolega w jedwabną marynarkę,
pozwalają swoim uszom, różowiejącym coraz bardziej,
rozmawiać po cichu ze sobą. Ale o czym rozmawiają?
Między jednym a drugim poetą widać olbrzymi krucyfiks,
który wisi na przeciwległej ścianie,
tuż za stołem, gdzie siedzą tłumacze i Heaney.
Szczelina między uszami młodych poetów,
wypełniona nagle obrazem pokornego Chrystusa,
pod którym pełni energii muzycy z Rybnika
grają skoczne irlandzkie melodie ludowe,
zwęża się coraz bardziej, pozostawiając tylko
mały prześwit, żółty pasek przypominający zachód słońca.
I tylko tyle. Nic więcej. Kiedy irlandzki poeta siada,
obaj młodzi pochylają się ku sobie, wymieniają uśmiechy,
a ja słyszę kląskanie torfowych stosów.

Być może nie ma to żadnego znaczenia,
że podłużny krucyfiks znika nagle z pola widzenia
i przede mną, prawie pięćdziesięcioletnim, podnosi się
w zgiełku światła, ruchu mikrofonów i uszu,
nieopanowana wrzawa sceptycznej młodości,
wydymającej wargi i rozgniatającej na korytarzu peta
swoją odważną, odzianą w wysoki czarny but, stopą.

CREVICE

St.B

In Łowczy Manor, on Kościuszko Street,
on the ground floor, in a well-lit hall
where Seamus Heaney is reading his poems about the bog people,
I'm sitting behind two young poets from Kraków,
who listen to the Irishman's soft voice with alarming attention.
I see their buzz-cut heads,
from far away looking so alike,
though one's hair is dark and the other's blond.
But what really intrigues me,
are their large pink ears proudly perking
despite the words recited by the translator.
The left ear of the blond, adorned with a silver earring,
smiles sinisterly at its neighbor's ear,
who nervously crumples a pack of cigarettes in his hand.
Both dressed in black, though the dark-haired one
wears a sweater and his buddy a silk jacket,
allow their ears, becoming pinker,
to talk to each other quietly. But what are they talking about?
Between the two poets there is a giant crucifix,
which hangs on the opposite wall,
right behind the table where Heaney and his translators sit.
The crevice between the ears of the young poets –
suddenly filled out with the image of humbled Christ
under whom energetic musicians from Rybnik
are playing Ireland's lively folk melodies –
narrows further, leaving only
a small clearance, a yellow strip resembling the sunset.
And that's it. Nothing else. When the Irish poet sits down,
both young poets lean towards each other, exchanging smiles,
and I hear the chuffing of peat piles.

Perhaps this has no significance
that the elongated crucifix suddenly disappears from my field of vision
and before me, almost fifty years old, rises
– amidst the light's tumult, shifting of microphones and ears –
the uncontrollable uproar of the skeptical youth in the hallway,
pouting lips and crushing a cigarette butt
with unflinching foot shod in a black boot.

DLACZEGO NAS?

Pamięci Milana Milišicia, serbskiego poety z Dubrownika, który zginął
od kuli swoich ziomków w czasie oblężenia 5.10.1991 roku

W zburzonej kuchni, gdzie leżysz z przestrzelonym płucem,
pachnie ugotowana przed chwilą zupa. Garnek
przekrzywiony śmiesznie stoi na pękniętym palniku.
W oddali słychać wybuchy i plusk spadających szyb.
Jelena z trudem podbiega do ciebie, klęka i obejmuje
twoją ciężką głowę. Eksplozje oświetlają całe mieszkanie,
gdzieś głośno jęczy karetka pogotowia. Przewrócony stół
i wyrwane ze ścian szafki wyglądają jak wyrąbany las.
Kiedy Jelena przenosi twe zamordowane ciało na łóżko,
w Grużu od granatu ginie kobieta spiesząca do biura.
Z okna widać rozwalony mostek, przez który przechodziłeś
codziennie, często się na nim zatrzymując. Jeszcze przed minutą
na balkonie wołałeś do Jeleny: "Oni chcą nas zabić! Ale dlaczego
nas, dlaczego nas?!" Jeszcze przed rokiem pływałeś
na żaglówce z przjacielem gwiżdżąc na sztormową pogodę,
śmiejąc się do czerwonego wina. Teraz, kiedy Radio-Dubrownik
ogłasza wiadomość: "Tej nocy zabili poetę," a Jelena głaszcze
bez słowa skargi twoją zakrwawioną szyję, w powietrzu
przesyconym zapachem dymu i gazu fruwa mała karteczka, wyrwana
z notatnika. Napisałeś na niej: "Wydaje mi się, że nie biorę
udziału w historii, ale w farsie. W farsie wojny, patriotyzmu
i walki o wolność. Ale najgorzej będzie, kiedy nadejdą ci
oswobodziciele, co nam obiecują wolność. I z jednej, i z drugiej
strony." Twój ukochany owczarek Tornjak warował przez całą noc
przy tobie. Potem, gdy pochowano cię w obecności trzech księży,
bo jedyny pop opuścił miasto, Tornjaka uśpili,
żeby skrócić mu cierpienie. Teraz, gdy zabito poetę i jego
ukochanego psa, na Stradunie wyje już tylko wiatr i fontanna.

WHY US?

In memory of Milan Milišic, the Serbian poet from Dubrovnik, who was
shot to death by his compatriots during the siege on October 5, 1991.

The wrecked kitchen, where you lie with a shot-through lung,
fills with aromas of freshly cooked soup. The pot
stands tilted comically on a cracked burner.
One can hear blasts and the splash of falling windows in the distance.
Struggling, Jelena runs up to you, kneels down and embraces
your heavy head. Explosions illuminate the apartment;
somewhere an ambulance moans loudly. The knocked over table
and the cabinets torn from the walls resemble a hacked forest.
When Jelena moves your murdered body onto the bed,
in Gružu a hand grenade kills a woman rushing to the office.
From the window one can see a shattered bridge, the same
you crossed daily, often pausing. Only a minute ago
you shouted on the balcony to Jelena: "They want to kills us! But why
us, why us?!" Only a year ago you sailed
with your friend, not giving a hoot about stormy weather,
laughing over red wine. Now, when Radio Dubrovnik
announces, "They killed a poet tonight," and Jelena
strokes your bloodied neck without a word of complaint, a torn
notebook paper floats in the air saturated with the smell of smoke and gas.
You wrote on it: "It seems to me I'm not taking
part in history but in a farce. In the farce of war, patriotism
and struggle for freedom. But the worst will be when
the liberators who promise us freedom show up. From this or that
side." Your beloved sheepdog, Tornjak, guarded you
through the night. Then, after you were buried in the presence of
    three Catholic priests
because the only Orthodox one had suddenly left, Tornjak was put to sleep
to shorten his suffering. Now, when the poet and his beloved dog
have been killed, only the wind and the fountain still howl on Stradun Street.

SZKIEŁKO

ma krew na sobie

ledwie widoczną kropelkę
krwi

podniesione z podłogi
zaciska zęby

należało do szklanki
ach to były czasy

kiedy herbata mościła się
w niej wygodnie
czuło jak pałają mu policzki
z emocji

świat wydawał się
taki czysty i szlachetny

teraz pozbawione całości
ze śladem ludzkiego bólu
wpada w przepaść kubła
i rozsypuje się w nicość

A PIECE OF GLASS

has blood on it

a scarcely visible droplet
of blood

lifted from the floor
it clenches its teeth

it belonged to a glass
oh those were the days

when tea nestled
in it comfortably
it felt its cheeks glow
with emotion

the world seemed
so pure and noble

deprived now of wholeness
with a trace of human pain
it falls into the trashcan's abyss
and shatters into nothingness

BYŁO MINĘŁO

było minęło
między było i minęło mała biała szczelina
wąski przesmyk nic nie znacząca pauza
a przecież tyle się tam wydarzyło
wzloty i upadki uczuć
przewidywania tańczące w snach
spotkania na wzgórzu i na skraju lasu
było to co gorące wiotkie w nagłym olśnieniu
było niemądre zdradliwe ale wypełnione nieznaną treścią
minęło bo nie zadrżało w posadach
małe było małe minęło
było długo
minęło raz dwa
a w środku sucha trawa dotknięta kosą słońca
klasztor nad rzeką niepokojące dudnienie pociągu
drobny żwir na drodze do doliny

BEEN AND GONE

been and gone
between been and gone a small white crevice
a narrow pass an insignificant pause
but so much happened there
ups and downs of feeling
anticipations dancing in dreams
encounters on a hill and at forest's edge
been what's hot and supple in a flash of ecstasy
been unwise treacherous yet filled with unknown meaning
gone because its foundations didn't tremble
little been little gone
been around for long
gone just like that
and in between dry grass touched with sun's scythe
the monastery by the river the train's troubling rumble
tiny gravel on the road to the valley

KSIĘGARNIE

spacer po księgarniach
kartkowanie książek
kolorowe okładki jak ciężarne kobiety
ciężko układają się na miejscu

autorzy uśmiechają się ze skrzydełek
ich notki pęcznieją
miliony słów jak drobne owady zdobywają lasy

chłonę wykrzykniki
wpatruję się w tytuły
nie ma końca tej niepospolitej wędrówki złudzeń
półki uginają się od nadmiaru sentencji i idei

dziewczyna pilnująca interesu ma zblazowaną minę

w księgarniach nie ma już duszy
zniknął ten cichy drażniący szelest kartek
który prowadził do przedsionka raju tajemnicy istnienia
książki nie pachną
okładki nie otwierają bram

to co słychać jest zgrzytliwe
to co widać kruszy się jak szkło

książki
ogrody zapuszczone złe z kłującymi kolcami głogów

wchodzę w nie ryzykując
i pożera mnie dziki śpiew stronic

BOOKSTORES

a stroll through bookstores
leafing through books
colorful covers like pregnant women
settle in place with difficulty

authors smile from the wings of dust jackets
their biographical notes swell
millions of words like tiny insects conquer the forests

I absorb the exclamation marks
stare at the titles
there is no end to this uncommon roaming of illusions
bookshelves groan with a surfeit of wisdom and ideas

the girl looking after the business has a blasé expression

there is no more soul in bookstores
the quiet irritating rustle of pages has disappeared
though it used to lead to the vestibule of paradise
                                        the secret of existence
books have no pleasant scent
covers open no gates

what's audible is grating
what's visible shatters like glass

books
gardens badly overgrown with prickly thorns of hawthorns

I enter them taking risks
the hollering of pages devours me

PRZY GŁÓWNEJ ULICY

Przy głównej ulicy synagoga
jasna jak koszula na sznurze
nie pochyla się nad przeszłością

opowiada gwar pobliskiej kawiarni
puszczając oko do baptystów
po drugiej stronie

zamknięta w południe
zaprasza śmiało inwalidów na wózkach

dziewczyny przy stolikach smakujące lody
nie słyszały nigdy o rabinie z Lublina

synagoga na Jasper Avanue
woła szalom do młodych rowerzystów
skaczących po chodnikach jak onagery

nikt nie słyszy jej głosu

czy ja przybysz ze spalonego ogniska
potrafię zrozumieć to wołanie
ten język dorodnej młodości
ośmielonej dzwonkiem piskliwej komórki?

MAIN STREET

On a main street a synagogue
bright like a shirt on a clothesline
doesn't bend over the past

it reflects the hubbub of a nearby café
winking at the Baptists
across the street

closed at noon
it boldly invites invalids in wheelchairs

those girls eating ice-cream at the tables
never heard about the Rabbi from Lublin

the synagogue on Jasper Avenue
calls out *shalom* to young bikers
jumping on the sidewalks like onagers

nobody hears its voice

can I, a newcomer from the exhausted bonfire,
understand this calling
this speech of brash youth
sparked by the ring of a shrill cell phone?

WIECZNA PODRÓŻ

Ewie Kuryluk

Poszukiwanie, ucieczka, śmierć.
Poszukiwanie języków, ucieczka
ze szkolnej ławki, śmierć najbliższych.
Wieczna podróż ponad dymami,
kłębiąca się cienka nitka życia,
gra lądów, męskich pożegnań, nagich ciał
odbitych na tkaninie. Serce nie woła już o
pomoc, wbija się pazurami w lodowiec,
zawieszony wysoko pod niebem. Swąd palącej się
skóry ucisza krok nad przepaścią, pożar
ojczystej niewoli, nienazwanego szczęścia.
Coraz dalej, by nie wrócić do wiedeńskiej
apokalipsy, młodych buntowników, odchodzącej
matki. Coraz bliżej kawałeczka stołu
i wąskiego okienka, za którym widać
tylko wesołe oczy małej żydóweczki
i dwa uniesione skrzydełka szarlotki.

ETERNAL JOURNEY

for Ewa Kuryluk

A search, an escape, death.
The search for languages, the escape
from a school desk, death of dear ones.
Eternal journey over clouds of smoke,
a swirling thin thread of life,
game of lands, gruff farewells, naked bodies
impressed on the cloth. Heart calls out no more
for help, it sinks its claws into a glacier
hung high above the sky. The smell of burning
skin weakens a step from the abyss, the fire
of native captivity, unexpressed happiness.
Ever further, so not to return to the Viennese
apocalypse, young rebels, a departing
mother. Ever closer to a tiny bit of a table
and a narrow window, beyond which one
sees only the happy eyes of a little Jewess
and two raised wings of an apple pie.

WODOSPAD

Bije żywa woda,
z góry, z nieba, z niczyjej woli
uderza, huczy,
wciąga nasze zdziwienie. Lód patrzy
białymi soplami spokojnie, beznamiętnie.
W dole kłębi się nasza niepewność.
Na niewysokiej skale
mała wiewiórka robi nam zdjęcia.
Nam, turystom strachu, filozofom głębi.

WATERFALL

Rushing water beats down
from above, from the sky, of no one's will
it strikes, roars,
absorbs our surprise. Ice watches
with its white icicles calmly,
                              impassively.
Down below our uncertainty swirls.
From a small rock
a little squirrel photographs us.
Us, the tourists of fear, the philosophers of the bottomless.

WIATR I KLON

Na gałęzi pobliskiego klonu
papierowa torba wypełniona wiatrem
walczy o przeżycie.
Jej brzuch wydyma się, bije
rączkami o zeszłoroczne liście.
Nietrudno wpaść w zdumienie!
Małe drobne ciałko,
zawieszone bezradnie pod niebem,
próbuje ze wszystkich sił
oderwać się od korzeni.

WIND AND MAPLE

On a branch of a nearby maple tree
a paper bag filled with wind
fights for its life.
Its belly swells, it bangs
with small hands against last year's leaves.
It's hard not to be astonished!
A small fragile body
suspended helplessly under the sky
tries with all its might
to break away from its roots.

SUPEŁEK

Nie zabrałem tu twojego oddechu
ciepłych rąk ciepłego spojrzenia
i zabrakło mi światła małej lampki
która wieczorem zasypia do radia

śniegom na skałach odejmowałem dni
by cofnąć się w czasie ku wiośnie
jak daleko jest twój szept myślałem
rzucając kamyk do strumienia

drogi prowadzą na ostre szczyty
ku jeziorom z tańczącymi pstrągami
moja droga niesie mnie do czasu
w którym nie ma spóźnionych godzin

drogi śniegi i góry zanurzone w ciszy
odlatują w nieznane niedomówione
tylko wstążka horyzontu zawiązana
na supełek naszej dozgonnej krwi

LITTLE KNOT

I haven't brought your breath here
your warm hands, warm glance
and I've missed the light of the small lamp
that falls asleep in the evening with the radio on

I subtracted days from the snow on the rocks
to go back in time to spring
how far away your whisper is I thought
casting a pebble into a stream

roads lead to steep summits
to lakes with dancing trout
my road takes me to the time
where there are no delayed hours

roads, snow and mountains immersed in silence
take off into the unknown the hinted
only the horizon's ribbon tied
into a knot of our everlasting blood

ŻNIWA

Czytam wiersze nowego poety.
Noc, letni skwar, burza.
Czytam, odczuwając nieokreślony lęk
przed jego słowami, *bezmiarem traw,*
cichością morza.
Słyszę w nich wołanie o pomoc, ale
wiem, że już mu nie sprostam.
Moje błahe słowa przeciwko jego słowom.
Moja niepewność i jego żniwa.

HARVEST

I'm reading poetry by a new poet.
Night, summer heat, a storm.
I'm reading and sensing vague fear
before his words, *the vastness of grass,*
the silence of the sea.
I hear in them a cry for help, but
I know, I'm no longer a match for him.
My trivial words against his words.
My uncertainty and his harvest.

ŻAŁOSNY KONIEC

Kiedy po malowaniu
wyrzuciłem całe pudło książek,
które—jak się wydawało—nie były mi już potrzebne,
odczułem nagle jakiś dziwny żal.
Jaka szkoda, pomyślałem, że już nie będę mógł
zajrzeć do tych zielonych i fioletowych tomików,
w których nieznani autorzy trudzili się
nad opisem swych prywatnych światów.
Ale dlaczego tak łatwo
skazałem je na eksterminację?
Dlaczego uznałem, że futerko kurzu,
w jakim się ogrzewały, nie pokaże mi już
ich gibkich, gładkich ciał?
Pewnie bałem się, że zobaczę same
wystające żebra i pomarszczoną skórę
słów i zdań.
Byłby to żałosny koniec
anielskiego dotyku poezji.

PITIFUL END

When after painting
I threw away a large box of books,
which—as it seemed—I had no use for,
suddenly I felt a strange regret.
What a pity, I thought, that I won't be able
to look into those green and purple books
where unknown authors took pains
describing their private worlds.
But why was it so easy
to condemn them to extermination?
Why did I decide that the furry dust,
which kept them warm, won't reveal to me
their agile and smooth bodies anymore?
I was probably afraid to see only
the poking ribs and the wrinkled skin
of words and sentences –
a pitiful end
of poetry's angelic touch.

ORIGAMI

W pociągu z Krakowa do Oświęcimia
troje młodych Japończyków
układa origami
zabijając czas.
Mijamy wzgórza i lasy,
a papierowy łabędź
spogląda sennie na płonące
trawy.

ORIGAMI

On the train from Kraków to Auschwitz
three young Japanese
fold origami
killing time.
We pass hills and forests,
a paper swan
looks sleepily on the burning
grasses.

NA ULICY MOJEGO DZIECIŃSTWA

dla Wolfganga Bittnera

Czy mojego?
A może dzieciństwa nie są naszą własnością,
tylko czasu, który nas spłodził i nazwał?
Jeszcze słyszę gwar olch i agrestu,
słodkiego kurzu rozgryzanego w ustach,
ale czy jestem jego posiadaczem
bezwzględnym i jedynym?
Nasze dzieciństwa,
przedzielone zaledwie pięcioma latami,
zderzają się na gliwickiej ulicy
jak dwa szybkie samochody.
Kindheit i dzieciństwo, Gleiwitz und Gliwice
giną w mroku dziejów,
pozostawiając po sobie
gorzki smak historii,
zupełnie jak ów pęk kluczy niemieckich uciekinierów,
wiszący teraz wraz z tysiącem innych
w śląskim muzeum w Görlitz.

ON THE STREET OF MY CHILDHOOD

for Wolfgang Bittner

Is it really mine?
Perhaps childhoods don't belong to us,
but to time, which fathered and named us?
I can still hear the din of alders and gooseberry bush,
of sweet dust crushed inside my mouth,
but am I its unconditional
and the one and only owner?
Our childhoods,
separated merely by five years,
crash into each other on a Gliwice street
like two fast cars.
Kindheit and childhood, Gleiwitz und Gliwice
perish in the darkness of time,
leaving behind
the bitter taste of history,
exactly like the bunch of German refugees' keys
that now hangs with thousands of others
in the Silesian museum in Görlitz.

Z PRZESZŁOŚCI

Katowice Zawodzie, Huta Ferrum,
ciąg kamienic z cegły.
Mijam tę stację tyle razy
i nie mogę sobie tu wyobrazić
mojej mamy z lizakiem w ręku.

FROM THE PAST

Katowice Zawodzie, Ferrum Steelworks,
a row of brick tenement houses.
I pass this station so many times
and still can't imagine my mom
here with a lollipop in her hand.

TRANSLATOR'S NOTE

Born in Gliwice in 1946, Julian Kornhauser is one of the most acclaimed figures of Polish poetry writing today. As a writing artist, he came of age during the New Wave period, which lasted roughly from 1968 to 1975. The members of the New Wave, or Generation '68, which also included Adam Zagajewski, Stanisław Barańczak, and Ryszard Krynicki, wrote unadorned poetry, often drawing on the language of the street in their attempt to create an honest representation of the everyday reality so often distorted by the state's deceitful propaganda. Although Kornhauser followed the trajectory of the New Wave for some time after 1975, he eventually founded his own course, along the way winning such honors as the 1989 European Poetry Prize and the 1998 City of Kraków Prize.

Since the mid-1990s, he has published eight books, including three collections of poetry: *Kamyk i cień* (1996), *Było minęło* (2001), and *Origami* (2007), which demonstrate a shift from collective preoccupations to a more personal iconography. Fittingly, this debut collection of his work in English, which draws exclusively on those three volumes and presents the poems in a new arrangement, should not be viewed as an attempt on my part to recap the poet's voluminous and diverse body of work. I believe that translation is essentially an art of close reading and listening, where the personal affinity and respect for the work counts as much as any linguistic virtuosity; therefore, I chose and translated only those poems whose language and music I have admired for years. It was during the final stages of editing, however, that I realized this volume does in fact touch upon most of Kornhauser's major formal strategies and thematic concerns.

What guided me through the process of translating these poems, and the quality to which I feel a great sense of indebtedness, is the voice of a poet who has always been interested in language and the indispensable role it plays in the investigation of one's identity and the quotidian. Though a long-time resident of Kraków, Kornhauser was born and raised in multicultural Silesia, a region in Southwestern Poland marked by many border shifts and population relocations, a circumstance which no doubt had a profound effect on the poet's imagination, sensibility, and acute sense of language. As a result, the poems gathered here are as much about memory, children, politics, war, love, and poetry itself, as they are about inclusion rather than selectiveness of details. It is this intimate and yet unconditional relationship that makes Kornhauser's poems powerful and memorable.

Julian Kornhauser is a poet of profound integrity, and I am grateful to many whose assistance and encouragement were instrumental in bringing these poems into English, especially Harry Polkinhorn, Sandra Alcosser, Sharon Bryan, Veronica Andrew, Marilyn Chin, John and Bogdana Carpenter, Adam Zagajewski, Edward Hirsch, and Michael Collier. Additionally, I would like to thank the Anna Akhmatova Foundation for the Fellowship for Younger Translators, which provided me with much-needed time and editorial support. Finally, I am deeply grateful to Ilya Kaminsky, Mariela Griffor and everyone else at Marick Press for embracing the project and guiding it into the world.

Piotr Florczyk

The Dropped Hand by Terry Blackhawk. ISBN 978-0-9779703-3-9
Never Night by Derick Burleson. ISBN 0-9779703-5-3
Emily Ate the Wind by Peter Conners. ISBN 978-0-9712676-4-0
    (Hardcover); ISBN 978-0-9779703-9-1 (Paperback)
The Blue City by Sean Thomas Dougherty. ISBN: 0-9779703-5-3
American Prophet by Robert Fanning. ISBN-13 978-1-934851-01-2
The Seed Thieves by Robert Fanning. ISBN 0-9779703-0-2
Storm by Katie Ford. ISBN 978-0-9712676-8-8
White Holes by James Hart III. ISBN 0-9779703-1-0
Folding A River by Kawita Kandpal. ISBN-13 978-0-9712676-3-4
The Fortunate Islands by Susan Kelly-DeWitt.
    ISBN 978-0-9712676-6-4
Been and Gone by Julian Kornhauser. Translated by Piotr Florczyk.
    ISBN-13 978-1-934851-05-0
The Boy Who Killed Caterpillars by Joshua Kornreich.
    ISBN 978-0-9712676-7-1
A Complex Bravery by Robert Lipton. ISBN 0-9712676-1-8
It Might Do Well with Strawberries by David Matlin.
    ISBN-13 978-1-934851-02-9
The Sleeping by Caroline Maun. ISBN 0-9712676-2-6
At the Revelation Restaurant and Other Poems by Alicia Ostriker.
    ISBN-13 978-1-934851-06-7
Solute by Daniel Padilla. ISBN 0-9779703-2-9
The Country of Loneliness by Dawn Paul
As When, In Season by Jim Schley. ISBN 978-1-934851-00-5
Witness of Music by Alexander Suczek. ISBN 0-9779703-8-8
Father, Tell Me I Have Not Aged by Russell Thorburn.
    ISBN 0-9779703-6-1
Homage to Paul Celan by G.C.Waldrep. ISBN 0-9779703-4-5
The Catfish by Franz Wright. ISBN-13 978-0-9712676-9-5
INRI by Raul Zurita. Translated by William Rowe.
    ISBN-13 978-1-934851-04-3